아무튼 함께

이태식 시집

아무튼 함께

이태식 시집

푸른문학사

차례

1부/ 현실의 강 건너기 · 6

2부/ 세월 거스르기 · 42

3부/ 세상 한복판에서 · 58

4부/ 순수, 거기 있어 줄래 · 88

5부/ 매일 책에 절하다 · 118

1부

현실의 강 건너기

나쁜 것도 내 것

나쁜 거 우울, 허영, 절망
좋은 거 자부심, 열정, 평온

좋은 것만 내세우고
우리에게 분명히 일지만
나쁜 감정은 감추거나 덮으려 한다.

그런 것도 내 것인데
인정하고 받아들이는 게
내 삶을 더 풍요롭게 하는 게 아닐까?

좋은 것만 있는 삶은
단조롭고 재미없지 않을까.

나와 비슷하다고 생각하지만

인간은 다 비슷하다고 생각한다.
물론 다른 동물이 보면 잘 구별을 못한다.
유럽 사람이 중동인이나 아시아인을
잘 구별하지 못하는 것과 같다.
아시아인은 다 중국인 같다.

그러나 같은 집단에선 달라도
너무 다르다.
당연히 그럴 거라고 생각하지만
안 그런 경우도 많다.

젊은 사람에게 주현미를 알 거라고 전제하고
이야기하면 주현미 자체를 모른다.
그들 중에는 가수 잔나비를
당연히 알 거라고 전제하고
나에게 말을 건다.
그러나 나는 잔나비 자체를 모른다.

같은 곳에 다른 인간끼리는
차이가 너무 난다.

나는 만났으면 하지만 그는 아니다

아, 송범섭이처럼
내가 그와의 좋은 기억을 갖고 있지만 대개
그는 그렇지 않을 수 있다.
반대로 내가 다신 그를 만나고 싶지 않으면 오히려
상대는 나를 만나고 싶어할지도 모른다.
내가 그와 힘들었던 만큼 아주
편하게 그는 나와 있었을 가능성이 있어 그렇다.

헤어진 후 다시 그와 만났으면 하고 생각하면 그는
그렇지 않을 수 있다.
그렇지만 이제라도 절대 만나기 싫은 사람은 오히려
나를 만났으면 하고 바랄 수 있다.
전에 나와 아주 즐거웠을 것이기 때문이다.
나는 절대 그렇지 않았지만

냄새는 세다

『기생충』 영화에도 나왔지만 냄새는
힘이 세다.

전에 어떤 음식으로 체해 고생했으면
그 맛을 다시 만났을 때 진저리친다.

술이 떡이 되어 다음날 고생할 때나
어느 순간 토할 때나 그 상황을 다시 맞이하면
그 냄새가 나를 위협한다.

내가 힘들 때 상처받은 기억이
안 지워지듯
냄새도 대갠 안 좋을 때 맡은 것이
나를 평생 괴롭힌다.

다양성이 진리

인간이 지구의 주인인 양 맘대로 한다.
이제 식량 확보와 돈이 되는 것만 남았다.

다른 종이 사이에 끼여 완충 작용을 해야 하지만
같은 종끼리만 붙어 있어
전염병이 창궐한다.
몰살할 수 있다.

여러 가지가 함께 살아야 나도 산다.
다양성은 진리다.

목사와 변호사

신도들 강간이나 하고
목사들, 사람인가?
말은 청산유수지
신을 이용해 마음 약한 이를 갉아먹는 기생충
변호사는 죄지은 자들이 많아야 살고
목사는 불행한 사람이 많아야 굶어 죽지 않는다.

이들이 사라지는 순간이 바로
행복하고 좋은 세상이다.
이걸 알기나 할까?

이들의 수중에 돈이 많이 들어올수록
세상은 지옥이다.
그래서 속으론 지금보다 더
힘들어지라고 빌지 모른다.
남을 위해 변호하고 기도하는 게 아니라

자기만 아는 인간들

부위별로 즐긴다.
맛의 미묘한 차이를 말하면 엄지척한다.
부위를 구별하지 못하고 먹기만 하면 면박을 준다.
그래서 공부까지 한다.

꼬챙이를, 똥구멍에서 몸통을 지나 주둥이로 빼낸다.
예술적으로 뜨면
입에서 살살 녹을 것 같다며 군침을 흘린다.
아직 꿈틀대는 것을
이글거리는 불이나 펄펄 끓는 물에 직하시킨다.
그래야 제맛이란다.

핏물이 밴 고기를 우물거리며
인종 차별이 어떻고 페미니즘, 기후 위기가 어떻다며
인간을 위한 것에만 열변을 토한다.

인간과 공생

페스트나 스페인 독감처럼 바이러스가 인간에게
주기적으로 나타나는 것 같다.
코로나19도 그런 식으로
인간 세계에 나타난 게 아닐까.

사실 바이러스는 제 갈 길 가는 거다.
결국 생존이 목적이다.
그들에겐 다른 게 없다.
인간과 함께 공생해 살아남는 거다.
인간을 아주 해롭게 해 같이 죽는 것보단
감기처럼 조금만 해롭게 해 자기도 사는 게 목적이다.
오미크론은 인간에게 크게 위협을 주지 않으면서
같이 살겠다고 결론을 내린 것 같다.
인간과 타협 중이다.
숙주를 너무 강하게 공격해
절멸하는 것보다
같이 살 방법을 택한 거다.

모든 생명체는 살아남는 게
목적이니까
인간과 함께 살길을 택했다.

사람만 다 맞을까?

서양인들이 "손흥민, 개고기나 먹어라!" 하며
놀리는 건
문화적 차이인데도
그들이 저열하기 때문이다.

모든 동물은 다 같이 취급되어야 한다.
인간하고 친하다 하여 더 대우해주고
안 친하다 하여 더 먹어대선 안 된다.

자신의 뜻과 상관없이 소, 닭, 돼지로
태어났는데
왜 개와 다르게 취급하냐고
"왜 우리만 먹는데?"
하며 따지고 들면 어쩔 셈인가.

이런 것도
어차피 인간이
자기 입맛에 맞게
합리화한 것에 불과하지만

산천어 축제

이런 축제는 코로나가 아니더라도 사라져야 한다.
실은 또 자기에게 일지 모를 위험을
면하기 위해 행사를 취소한 것뿐이다.

공식적으로 인간의 잔인함을 드러내는
축제(축제라니? 소름 끼친다)라
보기 역겹다.
축제가 아니라 누가 누가 더 많이 잡아죽이나
겨루는 살육 대회다.

즐거움을 위해 다른 생명의
고통을 즐기며 웃는다.
위선의 극치다.
다 같이 하니 죄책감도
모른다.
개고기 먹지 말라 하지 말고
이런 것부터 하지 마라.
하긴 인간은 언제나 위선적이니
어련하시겠어.
또 그 지겨운 핑계를 대겠지.

상처받은 사람

이렇게나 많이
상처를 받았으니
내가 너에게 상처 주는 건
아무것도 아니라고
내가 당한 걸 너는
상상조차 못할 거라고

너도 나에게 당하며
세상은 네가 생각한 것처럼
그렇게 단 것만은 아니라고

너에게 공짜로
가르쳐줬으니
어쩌면 나는 너에게 필요하고
큰 도움이 되었을 거라고

쉴 곳은 어디에

아파트 공화국!
위로만 치솟아 고개를 아무리 꺾어도 끝이 안 보인다.
떨어지면 시멘트 위로 피가 낭자
여기가 첩첩산중인가?
한낮인데도 해조차 볼 수 없고
바람 불면 고층 건물 계곡 사이에서
몸이 날아갈 것만 같다.
지나다가 머리 위로 뭔가 떨어질까 겁난다.
놀이터도, 질러가는 길도 허용하지 않는다.
자기들의 커뮤니티만 발달해 있다.
고급 커피로 서로 여유와 우아함을 겨룬다.
그러다가 층간 소음으로 칼부림

소도시와 소도시 사이
고즈넉한 풍경은 사라지고
러브모텔과
원조 음식점들만 즐비하다.
정겨운 시골 정취를 찾지만
어딜 가나 마찬가지다.

도시는 골목마다 자동차들이
꽉 들어차 숨이 막힌다.
주차 문제로 이웃 간 드잡이

그런 곳을 피해
도저히 차가 들어올 수 없는
좁은 골목만을 찾아 헤맨다.

아무리 해도 빛을 못 보는 경우가 있다

소나 닭이나 돼지만 죽어난다.
그 몸들에서 인간이 못 먹는 부위는 없다.
그러나 같은 동물인데도 호강하는 동물이 있으니
그건 개다.

왜 개만 호강할까?
솔직히 인간과 친하고 인간을 잘 안다고
생각해서

요리 장인들이 요즘 빛을 보지만 분명히
있을 개고기 장인은 빛을 못 본다.
앞으로도 쭉 숨죽인 채
자기 실력을 개고기를 좋아하는
사람들에게만 선보일 것이다.
공식적인 방송에도 나오지 못한다.
앞으로도 계속 그럴 것이다.

인간들이 사는 세상엔
어찌 못하는
큰 흐름이란 게 있다.

어디가 이득인가?

시골 밥상은 반찬을 많이 준다.
이렇게 많이 줘도 남는 게 있을까.
주인은 손님이 맛있게 먹어주는 거로 만족한다고 한다.

그러나 미국 패스트푸드점은 얄짤없다.
단 하나라도 공짜가 없다.
다 돈이다.
그들은 시시각각 내 주머니를 노린다.
그리고 손님이 다 한다.
키오스크에서 손수 주문하고
번호 뜨면 가져와 먹거나 집으로 가져간다.
다른 곳에선 잘 따지던 자들도
여기선 찍소리 못한다.
반납도 군말 없이 한다.
절도 있고 품위 있는 시스템이라
여기서 걸리적거리면 바보 될까
열심히 그 시스템에 따른다.

시골 밥상이 좋은가
이런 시스템에 섞이는 게 좋은가?

가성비 등 손익 따져
어디가 더 나은가?

시골 밥상은
내게 돈을 많이 뺏지 않는다.
그리고 뭔가 인간적이다.
힐링도 된다.
편안하고 존중받은 느낌이다.

패스트푸드점에선 나도 마치
상품 같다.
착착 찍어 나오는 시스템의 부품

어떻게 가르칠까

자율(自律)

뭔가 지시하고 자기 생각대로 따르게 하면
본래 가지고 있던 것도 끌어내지 못한다.
위험한 짓이다.
그들의 본래 모습을 죽이는 행위다.

일방적 지시나 자기에게만 맞을 것 같은 것을
그들에게도 도입하려고 하면
자기는 자기대로 한 거니까
기분 좋을 수 있지만
그들은 뭔가.

자기 본래의 것을 잃어버린다.
그냥 차라리 놔뒀더라면 적어도
그들이 자신을 잃는 것만은
막았을 것을
이보다 더 큰 폭력은 없다.

자기 적응이 중요

사람들은 그런다.
막 뜨려는 것을 눌러 버린다.
질투나 비위, 자기가 아직 거기에 적응 못 해
그러는 것 같다.
아마 전엔 삼성과 LG, 현대도 그랬을 것이다.

얼마 전까지만 해도
네이버나 다음이 갑자기 뜨니 그랬다.
그러나 지금은 많이 인정하는 편이다.
이제 자기가 거기에 적응이 되었다 그거다.
익숙한 것으로 팔이 굽는다.

지금 눌러 버리려 하는 건 플랫폼 업체다.
크지 못하게 지그니 즈려 밟으려 한다.
배민이나 쿠팡을.
창업을 내세우지만 그들이 좀 커
중견이 되면 눌러 버리려 한다.

사람도 그런다. 드라마 『너를 닮은 사람』에서
신현빈도 연기를 곧잘 했지만 지금은 지그시

즈려 밟는 단계라 고현정처럼 연기 칭찬을 하지 않는다.
좀 된 배우들은 덮어놓고 칭찬한다.
윤여정, 김희애, 전도연 등이다.

어떻게 보면 이런 것은,
사람들이
지그시 누른 그 난관을 뚫고 지금에
이른, 자기 성질을 잘 받아준 것에 대한
보답일지도 모른다.

이겨내

시름에 겨워하는 사람에게 "이겨내."
말하는 사람은
그와 다른 위치나 처지에 있는 사람이다.
그걸 이미 한 사람은 이겨낼 수 있다고 하지만
안 그런 사람은 그 말에 상처를 받을 수 있다.

적어도 그에게 뭔가 해주고 싶다면
그냥 가만히 곁에 있어 주거나
조용히 그를 도우면 된다.
이해할 수 없지만 노력하며

"이겨내." 라는 말은
폭력에 불과하고
뭔가 말은 해야겠는데
형식적으로 한다는 것이
자기 자신을 위한
말밖에 하지 못한다.

인간은 동물에게 너무 막한다

동물들이 인간에게 당한 고통을 그대로 인간들에게
전할 수 있다면 뭐라 할까?

인간들이 만물의 영장이고 존엄하다는 말을
동물들이 듣고 있으면
자기 입장만 고려한 결과라고 말하지 않을까?

또 동물들에게 막하는 걸 스스로도 잘 아니까
그 죄책감과 수치심에서 벗어나려고
자기들이 더 우위에 있으니
"그건 당연해." 라고 하는 거라 생각하지 않을까?

인간은 자기합리화의 명수다.

인간은 왜 존엄한가?

인간은 '존엄하다' 말한다.
요즘엔 다른 생명체도 인간처럼
존중받아 마땅하다 주장한다.

솔직히 인간 생명이 위태로울 때
어느 걸 우선할까?
음식을 만들기 위해 동물을 죽인다고 동물을 구할까?
아니다.
그러나 인간에게 위협이 되면
그 동물을 제거한다.
그런 상황에서 아끼는 반려동물이라도 위협하는
개를 해쳤다고 누가 따지지 못한다.
어쩔 수 없다고 생각한다.
그러면 인간이 개보다 우위에 있다는 건데,
그 우위의 근거를 뭐로 할까.

별 존엄할 것도 없지만
그래도 그 명분을 굳이 들자면,
인간에게만 있는 '자기 의지' 때문에
스스로 판단할 수 있는 능력 때문에

악을 행할지 멈출지 스스로 판단할 수 있어서?

동물에겐 그런 능력은 없다.
자기 행동을 결정할 능력
이처럼 다른 생명도
존중받아 마땅하단 주장도
인간만이 지닌 가치 판단 능력 때문인데

인간은 세상에 해를 끼치기도 하지만
자기 성찰 능력도 있고
그것의 확장으로 주변의 약자를 돕는
공감 능력도 있어
세상이 그런대로 굴러가기에
이런 인간이
아직은 세상을 위해
필요해
'인간은 존엄'하단 가치를
(그 가치 기준이라는 것도 결국
인간이 만든 것이지만, 어쨌든)
스스로에게 부여한 건 아닐까.

찍힘으로 자신과 만나라

잘 자고 나서 화장이 잘 받아 스스로 만족한 연예인도
자기 사진에 만족하는 경우는 드물다.
이건 나이 들수록 심해져 어쩌다가 사진을 찍고
그것을 보는 순간 더는 안 찍게 된다.

늘 사진보다
아직은 더 젊고 좀 더 나은 얼굴일 거야,
착각하고 있다가 자신의 진실과 마주한다.
"아, 내가 이 정도였나?"

이 충격은 젊을 때 어쩌다가 박해일과 닮았다는 칭찬과
드라마 같은 데 나오는 자기 이상형에 이입되어
어느 날부터 그 사람이 된
자신을 보기 시작하면서부터다.
이런 생각들이 나를 지배하고 있다가
자신의 팩트와 조우하고 '현타'에 이른다.

지금이라도 찍힘으로 자신과 자주 만나면
충격에서 다소 벗어나
자신의 얼굴과 화해하게 되지 않을까.

지속이냐 아니냐

드라마에서
씩씩한 가난한 여자를 재벌 삼세가 좋아한다.
주변에선 재벌 삼세에게
"잘 생각해봐? 그게 동정인지, 사랑인지?"

지속이냐, 중간에 관둘 것이냐
이것이 문제로다.

우린 지속적으로
그만두지 않을
그 무엇을 찾는 작업을 소홀히 해선 안 된다.
사람에 관한 것이든
사물에 관한 것이든 뭐든.

채우다 말 건가?

사회에서 내가 부족하면
주눅 들고
지적받으면 상처받는다.

그걸 채우겠다고 몸부림친다.
또 누가 다른 걸 갖고 자랑한다.
또 상처받는다.
그것에 다가가려 용을 쓴다.
끝이 없다.

나는 없고
남이 가진 걸 채우려고 세월 다 보낸다.

그러나 그게 인생인가.
그렇다면 너무 초라하지 않나?

환경 보전

지구상에 인간의 발길이 닿지 않는 곳은 없다.
거기선 어김없이 환경 파괴가 일어난다.
인간이 가는 곳마다 환경이 훼손되어
다른 동식물은 죽을 맛이다.
장사하고 자기 업적 홍보에만 열을 올리는 정치인
외에 주민은 반기지도 않는다.

이제 인간이 닿는 우주까지
쓰레기로 몸살을 앓고 있다.
환경 보전과 인간의 발길은
상반된다.
동식물의 낙원이자 놀이터인
한반도의 비무장지대를 봐도 알 수 있다.

이제 결정해야 한다.
환경 보전에 필요하면
인간의 접근에 대해 어떻게 할지를.
인간의 접근을 허용한 상태에서
환경도 보전한다는 말은 거짓말이다.

코로나, 기후 위기 등으로 삶의 터전이 망가지고 있다.
환경을 위해 어떻게 할 것인지
결단을 내려야 한다.
시간은 더이상 인간에게 속지 않을 것이다.

2부

세월 거스르기

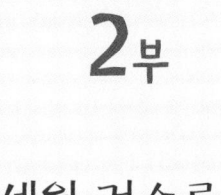

이별에 이는 감정

사별하면 여자가 좋은 추억을 간직하고 살고
이혼하면 좋지 않은 감정을 갖고 산단다.

장례식장에서 크게 통곡하는 사람은
그렇게 슬픈 사람이 아니거나 죽음에 대해 익숙한 사람이고
조용한 사람은
그 슬픔이 너무 커 혼이 나간 상태라
좀 지나 슬픔이 진짜 찾아오면 그때서야 오열한다.
죽음이 그에게 너무 낯설다.

감정은 곧 사라진다

감정대로라면 지금 뭐든 할 것 같다.
그러나 감정대로 되는 일은 드물다.

감정에 복받쳐 지금은 뭐든 할 것 같아도
못한다.
감정이나 사랑은
오래 못 간다.
지나간 그 시간을 그냥 좋은 추억으로
남기는 게 좋다.
지속되지 않는다.
생명이 짧다.
영원하면 소중한 줄도 모른다.

진짜 오래 가고 꾸준히 하는 것은
먹고 사는 일과
자기가 해서 즐거운 일뿐이다.

꼰대란

달라고 하지도 않는데
뭘 자꾸 주려고 한다.
충고든 이미 다 아는 상식이든

듣고 있으면
기가 빨리는 것 같다.
자기 자랑만 늘어놓는다.
당연히 자기 말만 하고
듣는 사람의 고통은 1도 모른다.

자기 기준으로
남을 진단해 버린다.
추종자는 빼고
자기와 다른 사람만 골라서.

나이 들면 술도 덜 푼다

젊을 땐 뭣 모르고 술을 퍼마신다.
다시 살아날 수 있기 때문이다.

나이 들어서까지 그러지 못한다.
나이 들어 조심하는 건
주변의 민폐 때문이기도 하지만
우선 자신이 살아날 수 없을 것 같은
두려움이 있기 때문이다.

젊을 때도 숙취로 고통스러웠지만
늙어선 몸과 함께
그 정신도 감당할 수 없을 것 같으니까
덜 푸는 것뿐이다.

나이 들수록 순수와 멀어진다

점점 체력이 바닥나고
정신의 뒷받침도 사라진다.
자기가 이 세상에 존재하지 않을 시간도 이제
얼마 남지 않았음을 안다.

차츰 순수와 멀어지고 자기 위주로 변한다.
자기에게 이익이 안 되면 쳐낸다.
전체 속에 있는 자기를 보기 시작한다.
이젠 자기가 세상의 중심이 아니라
구성 요소에 불과하다는 것도 깨닫는다.

순수는 여러 가지 정황을 따져
이것저것 재고
결국 행동이
자기에게만 향하지 않는 걸 말한다.

지금 뭔가 자각이 필요하지 않나.

어떻게 마지막을

단두대에 목이 잘렸어도
눈을 깜박거리며 형리와 눈을 맞춘다고 한다.

이처럼 정신이 말똥한 상태에서 세상과
이별하는 게 좋은가
아니면 현실과 몽상을 구별 못 하다가
마지막을 장식하는 게 좋은가.

후자가 좋은 것 같다.
그렇다고 식물인간으로 삶의 질이 바닥날 때까지
목숨을 연명하고 싶다는 건 아니고
이승과 저승을 분간 못 하는 몽롱한 상태에서
생을 마감하고 싶다는 얘기다.

내가 죽을 땐 노인들이 더 즐비할 테니
안락사도 허용되고 이왕이면 뭔가 약물 처리를 해서
기쁨 중에 가는 방법도 도입되지 않을까.
그걸 기대해 볼 뿐이다.

세상 바꾸기

틀 안에서 해결하려고 하면
말만 요란하고 되는 게 없다.
해결은 요원하다.

그럼?

버릴 수 없다면
그것과 전혀 관계없는,
무소유의 사람에게 맡겨야 한다.
이래도 좋고 저래도 좋은
지금과 무관한 사람에게
그만이 세상의 본질을 제대로 보고
정확한 진단을 내릴 수 있다.
그것과 초연하게.

왜 하지 못하나

나이가 들어서다.
세상에 나는 하나의 개체에 불과하다는 걸 안다.
그냥 묻어가려 한다.
자연 변화의 작은 움직임이라 생각한다.
해봐야 부처님 손바닥이다.

체 게바라나 마르크스처럼 젊은데도 이론이 강하고
그게 겉으로 분출하는 게 너무 강하면
세상이 바뀔 거라 믿어 혁명을 일으킨다.
순수한 거다.
그래 좀 바꾼다.
영향을 받은 자들이 추앙한다.

혁명은, 얼른 해야 한다.
나이 들어 흐름에 묻히기 전에

나이가 들었는데도 꾸준히 하는 자는
정말 대단한 자다.
안 되는 걸 알면서도 하니.

늙었어도

늙으면 고집스러워진다.
염치 불구하고 고수한다.
안다, 그걸 버릴 때 죽음뿐이란 걸

생존 본능이다.
인간적이다.
무조건 새 시대를 따라가기엔 힘에 부치고
그러면 사실 더 힘들고
어느 순간엔
"내가 지금 뭘 하고 있지?"
"지금 와서 어쩌겠다고?"

그래 힘을 주는 걸 놓아선 안 된다.
뭔가에 힘을 쏟아야 산다.
그게 나와 모두에게 좋은
것이면 좋고.

운명 다스리기

우린 전철(前轍)인 과거를 되풀이한다.
누가 그것에 대해 지적하고 자신도 어느 정도 안다.
그래도 반복한다.
천성이다.

왜?
과거가 나의 조상이고
그렇게 배워왔기 때문이다.

지금 하는 걸 확 바꿔야 한다.
그래야만 지금도 미래도 달라진다.
주어진 운명까지도

그렇게 해도 영원회귀라면
그냥 받아들이고
주어진 운명까지 사랑하라!

친해지고 싶으면

도둑질도 같이하면 친해진다.
아무도 모르는 비밀을 둘만 간직하고
그걸 아는 사람은 둘밖에 없기 때문이다

오직 둘만 아는
같이 한 일이 많으면
그게 추억이 되고 서로 정이 들어
둘은 더 단단해진다.

인간 세상에서
이보다 더 강한 작용이 또 있을까?

큰 흐름

소, 닭, 돼지 같은 건
3대를 이어오는 노포가 많다.
방송도 탄다.

그러나 개고기는?
특별한 맛과 영양으로 대를 이어왔어도
반려견이 대세니 어디에 내세우지도 못한다.

큰 죄를 지은 것도 아닌데
흐름에 의해
존재가 희미해진다.
자기의 억울함, 손해에 대해 아무리 외쳐봐도
그 말에 귀 기울이는 사람은
없다.

삶은 이럴 수도 있다.

3부

세상 한복판에서

AI 시대에

논리나 수치에선 이미 AI에게 졌다.
그럼, 어느 것으로 인간의
우수함을 견지할까?

AI에 아직 없는 것을 캐고
그것을 개발해야 한다.
존재의 강한 이유를 찾아야
지금을 활기 있게 살 수 있다.

시시각각 이는 인간의 감정과 느낌을
그대로 표현할까?

개인에게만 이는 유일한 그때그때의
감정을 표현할까.
이건 AI가 아직 개척하지 못한 분야일까.

그것조차 그들이 포용할지 모른다.
그러면 또 인간만이 가질 수밖에 없는 것을
발굴해야 한다.
그건 숨기고 있는 가장 개인적인 것이다.

자신의 이력, 역사이기도 하다.

AI와 살아가면서
그들을 이기려면
혹은 그들에게 이용당하지 않고
그들을 이용하려면

개체가 되어야

조직에 물든다.
시스템에 필요한 부품이 된다.
쓸모없어진 순간, 다른 것으로 교체된다.

어쩌지?

내 위치를 가늠해야 한다.
내가 어디에 있는지
지금 조직은 어떤 모습을 하고 있는지

조직에 묻혀 안 보이는 객체(客體)가 아닌,
조직에 있지만 또렷하게 보이는,
고유(固有)한 개체(個體)가 되어야 한다.

결말은 생각 안 나

영화를 보면 대개 결말은 생각 안 난다.
그 영화를 다시 볼 때
"이 영화 결말이 어떻게 되었더라?"
그러다 중간중간 "그래 맞아, 이런 내용이었지!"

드라마 같은 경우도 사람들은 중간은 안 보고
마지막이라며 본방사수한다.
급한 세상에 결론이 중요한 거다.
근데 나중에 보면 결말은 생각 안 나고
중간의 어느 장면이나 대사만 떠오른다.

이건 결말이 안 중요할 수도 있고 오히려
중간에 사소한 장면이나 시시한 대사들이
더 중요할 수도 있다는 거 아닌가.
결말을 어떻게 할지는 여러 가지지만
중간은 감독이 꼭 집어넣고 싶은
내용인 경우가 많다.

굴곡

삶엔 굴곡이 있다.

오늘 즐거우면 대개 내일은 슬프다.
오늘 몸 상태가 좋으면
내일은 분명 우울하다.

인생 다 산 것처럼 왜 살아야 하나
차라리 숨을 끊는 게 낫다고 했다가
내일이 오면 또 희망이 넘쳐 지금을 열심히 산다.
영원회귀라도
지금 이 순간의 회전은
이전과 이후와 같지 않다.
오직 지금뿐이다.

절망하지도 너무 들뜨지도 말자.
삶과 생활은 굴곡이니.

기계에 묻히고 말아

시스템이 거대할수록 그것에 물들수록
감히 그것이 잘못되었다고 생각지 못한다.
"내가 더 노력해야 했어!"
"결국 내 잘못이야."

같이 돌기만 하면
시스템에 심각한 오류가 있어도
나만 더 닦달하다가
시스템과 함께 사라질 수 있다.
내가 왜 사라졌는지도 모른 채

끝까지 보는 영화

악당이 나오고 뭔가
세상에 불만이 많아 못된 짓을 한다.
『다크 나이트』의 히스 레저 같은 인물
그들은 기존 틀을 싫어하고 그것을 부수려 한다.
좋다.
그러다가 그러는 이유가 중반을 넘어 나오기 시작하면
흥미가 떨어진다.
이런 경우 대개 결말이 뻔한
흔해 빠진 이야기로 흐르고 만다.

그럴 이유나 맥락이 없이, 그러니까
그럴만한 이유가 제시되지 않거나 없으면
흥미는 그대로 유지된다.
끝까지 보게 된다.

왜 그럴까 사이코패스라서?
그것보단 이 세상에 온 몫을 그들이
묵묵히 행하는 모습을
놓치고 싶지 않아서
이유가 제시되면 통속으로 빠지고
우릴 가르친다.

만만한 곳이 사라지기 전에

지금 가장 만만한 건 중년 남자다.
아무리 욕을 해도 누가 뭐라하지 않는다.
동네북이다.
그러나 이들도 사람이고 상처받는다.
이들은 그 누구에게도 욕을 못한다.
당하기만 한다.
사회의 강자이고 꼰대들이기 때문이다.
내가 지금 하는, 이 말도 허용되지 않는다.

지금 욕을 할 수 있는 곳이
별로 남아 있지 않다.
아직 남은 것 중 하나가 한국의 중년 남자다.

그러나 이들도 계속 욕을 먹을 순 없다며
밟으면 꿈틀한다며
나서기 전에
이들에게 욕을 맘껏 퍼붓자.
시간이 얼마 남지 않았다.
동네북일 때 실컷 쳐라.

모르던 말이

컴퓨터, 바둑, 코로나, 주식,
게임 같은 데서나 쓰이던 말이
일상에 등장할 때가 있다.
그런 용어가 그 분야에서만 쓰이다가
그 분야가 힘이 세져 일반인도 인기에 끌려
가담하면서부터는
거기서만 쓰이던 용어가 일상에서 자주 보인다.

그런데 아직 거기에 입문하지 않았거나
다른 세대의 사람이라 낯설 수 있다.
그러나 대화에서 소외되는 것이
싫어 익히게 되는 지경에 이르면
누구나 아는 일상어가 된다.

모르는 단어가 갑자기 튀어나오고
결국 그게 어디서 온 건지 알았을 때
그 분야는 이미 우리 일상을 뒤덮은 뒤다.
그 분야가 힘이 세진 것이다.
그런데 원래부터 거기에 몸담았던 사람들은
너무나 익숙한 그 용어가 왜 이제야

나타났냐며 아쉬워할 것이다.

많은 사람이 그 분야의 용어를 사용하는 날엔
그 분야가 이미 우리 사회를 점령한 후다.
이렇게 전문어는 일상어가 되어 간다.

불평등이 문제야

인간의 불행은 어디서 오는가?
잘사는 나라에서 산다고 행복한 건 아니다.
미국보다 네팔에서 더 행복할 수 있다.
옆집도 나처럼 가난하기 때문이다.
잘 아는, 가까운 사람이 나보다 잘살면 나는 불행하다.
인간은 남의 불행을 먹고 산다.
천성이 그렇다.

상대적 빈곤이 배를 아프게 한다.
차라리 다 같이 배고프면 배는 아프지 않다.
인간이 감정을 갖고 있기 때문이다.

자살률 1위인 '헬조선'에서 벗어나려면
힘 있는 자들이 공정에 자신의 힘을 30%만 쓰고
나머지 70%는 불평등 해결에 쏟아야 한다.
공정공정 하는데 이 공정만 외치다간
'공정한 불평등사회'가 굳어져
불행에서 벗어나기 어려워진다.
이 불평등이 인간의 행복에 엄청나게
영향을 미치기 때문이다.

힘 있는 자가 평등과 정의에 힘을 쏟을수록
공정 논쟁은 희미하게 사라질 것이다.

따라서
사회가 할 일은
각자의 자유를 최대한 보장하면서
능력에 따른 불평등을 해소하는 일이다.
최상층에서 거둔 것을
최하층에게 돌려줘야 한다.

사투리는 거리와 상관없는 것 같다

나는 허영만의 「백반 기행」을 자주 본다.
그런데 거기서 희한한 것을 발견했다.
이런 게 영감, 뮤즈가 아닌가 싶다.

거리에 상관없이 사투리를 쓴다는 거다.

충북을 예로 들면 영동은 경상도와 가깝지만
충청도이기 때문에 경상도 사투리를 쓰지 않고
충청도 사투리를 쓴다.
그리고 제천도 강원도와 더 가깝지만
강원도가 아닌 충청도 사투리를 쓴다.

그래서
도를,
지형이 아닌 사투리를 기준으로 나눈 게
아닌가 하는 생각이 든다.

삶은 이런 거

삶은
내가 힘들 때
"지금 나 힘들어!"
"나 지금 아파"
이런 말을 들어줄 사람을
찾아가는 과정 아닐까.

내가 부모에게 그런 말을 하나
자식에게 그런 말을 하나
아니면 친구에게 그런 말을 하나
아니면 배우자에게…

그런데 그런 말을 들어줄 수 있는
상대가 하나도 없으면 죽는다.
살기 위해
그런 사람을 찾아
발버둥 치는 게
삶 아닐까.

술꾼만 호구

식사 메뉴는 그렇게 비싸지 않다.
비싸면 누가 거기서 매일 밥을 먹나?
이러니 식당은 남는 게 별로 없다.
그래 저녁 술꾼들의 돈을 더 노리는 것 같다.
왜냐하면 같은 음식도 안주가 훨씬 비싸다.

술은 가끔 먹어야 호구가 안 되고
살림도 거덜나지 않는다.
그래야 자기 생활도 계속 유지할 수 있고

술집들은
내 생활과 인생 망치는 것에
별 관심이 없다.
그건 일반식당도 마찬가지다.

어차피 한 인생이다

금수저로 태어나
이 세상에 깊은 골을 내도 한 인생이고
가난하게 태어나
아버지 어머니가 누군지도 모르고
몸은 약골이고 성격은 강하지 않아
있었는지조차 몰라도
한 인간으로 살다 간 거다.

나중에 길고 넓은 눈으로 봤을 때
전자가 더 나은 인생이라고 할 수 있을까?
그건 약간 굵고 강한 빛에 불과하다.

그럼, 인생을 더 선명하게 긋는 비결은?

오로지 자기 인생을 사는 거다.
이런 인간도 살았노라며…

어우러지지 못해

요즘은 제너럴리스트는 다 어디 가고
스페셜리스트만 즐비하다.
서로 어우러지지 못한다.
인간 사이가 아니라
시스템만 믿는다.

시스템에 맞춰 내 할 일만 할 뿐이고
당신도 그렇게 하면 되는 거다.
너무 기계적이고 융통성이 없어
정나미가 떨어진다.

모든 게 분업화, 전문화되어 전체의 흐름보단
그냥 자기에게 주어진 역할만 꾸역꾸역할 뿐이다.
기계 부품 같다.

가령 전달할 물건을 정해진 자리에 갖다 놓는데,
마침 받을 사람이 옆으로 지나가는데도
그에게 주지 않고
그냥 그 장소로 배달해 버린다.
결국 그 물건은 그에게 돌아갈 것인데도

이 일을 왜 해야 하는지도 모른 채
그저 분주하기만 하다.

그냥 여기서

사람 사는 세상 다 비슷하다.
사기꾼도 있고
폭정을 하는 왕도 있고
선량한 사람도 있다.

다 비슷하기에
어딜 가나 여기서 사는 방식을
그곳도 고수한다.
인충의 비율이 어딜 가나 비슷하다.

그러니 파랑새를 찾아 멀리 갈 거 없이
여기서 나를 실현하며 살자.

거기 가서 새로 시작할 힘을
여기서 나를 펴는 데 쓰자.
그게 낫다.

쓸데없는 곳에 힘을 쏟지 말자.

음식도 지역에 따라

전라도 음식을 서울에서 잘하는 것보단
전라도에서 잘하는 게 낫다.

원래 방송국 기획 의도도 그렇다.
좀 맛이 없어도
서울에선 서울 고유의 맛을 내는
음식만이 방송을 탄다.

주도하는 자의 의도에 맞아야
방송도 탈 수 있다.
지방 가선 그 지방만의 음식을 찾는다.

자기만 옳은 게 아니다

살다 보면 욕도 할 수 있는 거지
뭘 쪼잔하게 그걸 가지고 호들갑이냐?
확 다 공개해라.
인간적이라 좋다.

밝음이 있으면 그림자와
그늘이 있게 마련이다.
밝음도 그림자가 없으면 없는 거다.
둘은 단짝이다.
그걸 가리니까
곪아 터져 냄새나고 더러워지는 것이다.
더러움을 겉으로 드러내야 자기를 객관화해
오만과 아집에서 벗어날 수 있다.
너무 깨끗한 척하면 그것을 가리고 지키려고
쓸데없는 곳에 소중한 에너지를 쓰고
남을 다치게 하는 악행을 저지른다.
그 힘을 오로지 자기를 펴는 일에만 쓰자.

인간 세상 자기만 옳은 게 아니라는 게
어쩌면 변하지 않는 진리다.

골방에서도 우주를 알 수 있다

배가 고프면 신경이 날카로워지고 짜증이 난다.
그러나 밥을 먹으면 여유로워진다.
누굴 지금 패고 싶으면 밥을 먹은 다음 패라.

가난하면 남에게 인색하고
부자면 너그러워진다.

작은 게 큰 것을 말한다.
작은 것을 보면 큰 것을 저절로 알 수 있다.
그 반대도 마찬가지다.

그러니 내가 곧 우주고
우주가 곧 나다.
나는 골방에 앉아서도 천하를 알 수 있다.

잘 뽑기

그가 가진 생각만으로 뽑으려면
겉으로 드러나지 않은 것을 봐야 한다.
이건 시민의식이 좌우한다.

그가 어떤 말과 행동을 했을 때 자기에게
어떤 위해나 불이익이 없을 때
한 게 진짜다.
살아온 이력과 평소에 무의식적으로 한 말이
그의 진짜 생각이다.
아무 이해관계가 없을 때 한 말

걸러지지 않은 거라 상처받을 수도 있다.
과거 그들 말이 지금에 와서 문제가 되는 이유다.
그러나 그건 그들의 민낯이기에
판단의 근거로 삼을 만하다.

지금은 표만 의식해 자기 진짜 생각을 드러내지 않고
좋은 말만, 표 나올 말만 한다.
영혼 없이 앵무새처럼

생활엔 리듬이 있다

너무 오래 휴가를 쓰면 몸과 마음이 풀려
우울만이 내 주위를 맴돈다.

일을 하게 되면 직원들 때문에
스트레스가 쌓이지만 뭔가
무기력과 귀차니즘은 온데간데 없어지고
그게 에너지가 되어
내 글과 정신 실행에 작용한다.
글도 더 많이 쓰게 되고
현상에 대한 시각도 날카로워진다.
상상력과 창의력도 증가한다.

뭐든 장단점이 있게 마련이다.

현실에선 사건이 많지 않다

우린 드라마나 소설을 읽으며
현실도 그렇다고 생각하는데
그렇지 않다.
그것들은 극적 효과와 재미를 위해
작위적으로 사건을 만든 것에 불과하다.

지금 여기 내 앞에 걸어가는 저 인물을 보고
언급한 것들을 그대로 적용하려는 위험이 있지만
그 인물은 현실을 살면서 그렇게까지
사건에 휘말리지 않는다.
뉴스나 영화, 소설은 보편적이지 않다.
내 앞에서 일어나는 일과는 많은 차이가 있다.
현실에선 사건이 그렇게 흔하게 일어나지 않고 단조롭다.
꾸민 이야기나 사건은 현실이 아니다.

대부분은 부동산 투기를 하지 않으며
죄를 지어 경찰서에 출두하거나
재판을 위해 변호사를 찾지 않고
인생을 조용히 마무리한다.

4부

순수, 거기 있어 줄래

귀엽다

여자들이 곧잘 남자에게 '귀엽다' 는
말을 할 때가 있다.

그 말을, 그 사람이
아버지건 할머니건 어린 동생이건
남사친이건 가리지 않고
사용하는 것 같다.
대개 '귀엽다' 는 말은 더
나이 많은 사람이 어린 사람에게
하는 말이지만, 이때는
나이, 성별 상관없이 하는 것 같다.

약간 어설프지만 열심이고
낑낑거리지만 성실한
그러면서 약간 눈치 없는
사회 물이 덜 들어 아직은 맑은
뭔가 해보려는 믿을 수 있는 사람을 말할 때

그런데 왠지 나를 향한 마음이 좀 있을 것 같고
그래서 그 사람이 마음에 들어

나도 그에게 호감이…
그러나
가능하면 피하고 싶고
그냥 싫은 사람에겐
그 말을 잘 쓰지 않는 걸 보면.

그릇?

부정한 검사가 재벌 중역과 고급 요정에서
"걔는 그릇이 아냐." 한다.

여기서 말하는 그릇은?
큰 야망인가?
그들이 말하는 그 그릇이 그런 거라면
그런 분야에 뭐하러 들어갔나?
그들이 말하는 그릇이 안 되는 그는
그 분야에서 얼른 나와야 한다.
그 검사와 중역에게 들러리로
이용만 당하고
그들에게 술맛 당기는
좋은 안줏거리만 될 뿐이다.

그는 자기에게 맞는
그릇을 다시 찾아야 한다.
제대로 찾았다면
그는 진정한 그릇이 되고
그 분야에서 능력을 발휘해
그 속에서 행복할 거고

나아가 진정한 자아를 실현할 것이다.

천박한 그들이야말로 이제
이 분야에선 그릇이 못될 것이다.
그들은 그의 들러리에 불과하다.

불교가 좋다

나도 노력하면 신이 될 수 있단다.
심혈을 기울이면 이룰 수 있단다.
윤회도 결국 그 결과물이란다.

어디에도 걸림이 없는
개인의 완전한 성취
대자유를 표방한단다.

자기를 맘껏 실현하는
현재 여기서의 행복의 완성!
이게 불교의 궁극이란다.

내가 추구하는 걸 불교도 추구한다.
고맙다.
같이 갈 수 있어서.

내가 해야만 사랑

왜 내로남불이지?
나는 안 그런다고?

나는 책과 사색을 통해,
이것에 대한 내 생각에 이르렀다.
책이 없었다면 어림없는 일이다.

자, 나는 늘 나와 함께 있다
그래서 나는 내 맥락에 갇혀 있다.
나는 이제 충분히 그럴 만하게 된다.

그러나 타인은 나와 늘 같이 있는 것도 아니고
같이 있더라도 내 내부로 들어오지 못하기 때문에
결국 내가 되지 못한다.

나는 늘 나와 함께라서 사랑하는 것이지만
타인은 맥락의 부재로 불륜이다.

직접 만드는 거

문제가 생기면
자기의 노력 부족만 닦달한다.
기존 틀의 권위에 눌린다.

안 되면 판을 바꾸거나 뒤엎고
새로운 판을 짜는 건 생각지도 못한다.
두려워 못하거나
지금 가진 게 많아 손도 못 댄다.
그 속에만 있어 그것밖에 모르거나

그러면 그는 그 틀 안에서
그 틀을 고치는 일로 평생을 보낼 것이다.
시스템의 노예다.

남이 만들어 놓은 것을 갖고 애쓰기보다
그 힘으로
내가 직접 만드는 건 어떨까?

노력하지 말라는데

"하마터면 열심히 살 뻔했네."
이처럼 노력의 가치를 업신여긴다.
남에게 이용만 당하는 노력
밥벌이에선 그럴 수 있다.

그렇지만 이럴 때도 노력하지 않으면
인생, 정말 망한다.
자기를 실현하고
자기가 진정으로 하고 싶은 일에까지
폄훼하면
인생, 정말 엉망 된다.

다양성의 가치

너도나도 다르기 때문에
다름을 존중하고 북돋워 주어야 한다.

교육의 최종 목표이고
인류가 지향해야 할 보편적 가치라
어떤 어려움이 있어도 고수해야 한다.

차별금지법을 반대하는 건
자기의 믿음과 신념으로
남에게 폭력을 가하는 것이다.

타고나는 것은 존중받아야 하고
그건 현실에서도 마땅히 실현되어야 한다.
아무리 어렵더라도.

다양성이 훼손되고 있다

전엔 통신이 안 되고 서로 떨어져 있어
그 지역에서만 최적화된 것들이 고루 발달했는데…

지금은 지역 특성, 소수의 가치,
다양성이 사라지고 있다.
큰 흐름이라 어쩔 수 없다며 그냥 방치할 것인가.
그렇게 되면 소수와 그들의 가치,
즉 다양성은 사라져
오직 다수와 주류, 힘 있는 자들이 내세우는
것만 득세할 것이다.

소수, 다양성은
그런 무지막지한 다수와 주류에 의해 자신과는 맞지
않은 것을 억지로 하며
불행 속에서 흥이 사라진 채
결국 씨가 마를 것이다.
이건 인류에 있어 크나큰 재앙이다.

그러면 나도 좋아

「그해 우리는」이라는 드라마를 보다가
최우식(최웅 역)이 내 뮤즈가 되어
나에게 영감을 줘 그 순간에
떠오른 생각이다.

지나고 나면 별로 개성도 없던 내게
특별히 잘해 주었거나 성격이 그래
모두에게 친절한 사람이 아니라
사교적이진 못해도
유독 나를 향한 마음이 남다를 때
그 사람이 최우식처럼 귀여웠던 것 같고
나도 덩달아 그에게
호감이 갈 수밖에 없었던 것 같다.

이런 생각을 하며
오늘도 적어본다.

뚜렷한 사람

평균의 사람은 마음이라는 게 있어
그 송곳 끝을 향하지만 제대로 가지 못한다.

송곳이 덜 뾰족하거나
타고난 기질로 열정이 뜨겁지 않기 때문이다.
주저주저한다.
다른 것을 기웃거린다.
자기 걸 의심한다.

송곳이 그에게 너무 중요하고
자기가 꼭 그 임무를 완수해야 한다는
무서운 사명 때문에 그는 곁가지들을 치며
송곳의 그 좁은 틈에 이르고자 한다.

뚜렷한 사람이다.
그게 너무 좋은 사람이고

사랑을 넘는 정

오래 산 여자와 헤어지면
처음엔 못 견뎌 눈물이 난다.

시간이 약이라고
점점 흐려져
견딜만하다.

그런데도 좋을 때
그녀와 같이 지낸 시간이
꿈에서 재현되고
깼을 때,
그게 중단되면
다시 슬픔이 밀려온다.

사랑은 이미 사라졌어도
그것이 묵어 생겨난 정은
이렇게 꿈으로 재현되면서
이 냉정하고 외로운 시간도 건너간다.
그 정이 이젠 꿈으로
나와 함께 가기 때문에

사랑인가 정인가 대체 뭔가

내 마음을 항상 70퍼센트 점령하고 있어
그걸 누구에게도 양보하지 않는 사람이 있다.
나머지는 30퍼센트에서만 맴돌 뿐이다.

언젠가 무너지겠지,
시간이 지나면 다른 사람이
그 자리를 차지할 거라 생각했다.
이제 와선 그를 이길 사람은 없다는 걸 알았다.

아마 내가 죽기 전엔 어림없는 일이다.
그런 것과 관련된 슬픈 드라마를 한밤중에 봐
센티해져서 그런 줄 알았는데
그런 것도 아니다.
도대체 내 마음에서 떠날 생각이 없는 것 같다.
그는 시종일관 요지부동인데 나만 안절부절못한다.
그만 좀 하라고 내쫓아도 소용없다.
처음부터 내주지 말았어야 했다.
이제 어쩔 셈인가.

그런데 진실은 그의 점령을 내가 돕고 있다는 것이다.
그만 패배를 인정해야만 할 것 같다.

아끼는 걸 욕하면 발끈한다

아끼는 걸 상대가 별 대수롭지 않게 생각하거나
안 좋은 소리를 하면 발끈한다.

그러면서 속으로 이렇게 중요한 걸 몰라보는 그를
한심하고 뭘 모른다고,
지금까지보다 하찮게 생각한다.

내가 아끼는 것에 대해 그가
오해하고 잘못 알고 있어
화를 내며 웅변한다.
바르게 알도록 침을 튀겨가며
그의 귀에 못이라도 박을 기세다.

그것에 대해 발끈하지 않으면
그걸 별로 아끼는 게 아니다.
그 소리를 듣고도 그냥 있으면

어린이 말은 맑다

우리는 왜 어린이가 하는 말을 귀담아들어야 하고
그들의 말을 더 존중해야 하나.

그들의 말은 정직하고 순수해
맞기 때문이다.
그들은 지금을 그대로 말한다.
그들이 지금 하는 말에 다른 의도가 있을 수 없다.
말 그대로다.

어른의 말은
다시 해석해야 한다.
그가 사기꾼인지 그래도 아직은 낯이 두껍지 않은지
그 맥락을 살핀 후 그가 한 말을 곱씹어야 한다.
지금 그가 하는 말이
말 그대로가 아닐 수도 있기 때문이다.
그들과의 대화는 피곤하다.
그래 그들과 가까이하고 싶지 않다.

피곤하지 않은
어린이와 더
시간을 보내고 싶다.

이제 결정해야

요즘 여자들에게 무조건 맞추며 사는 걸
좋게 보는 것 같다.
사랑은 한때고
기질은 내 인생인데 그게 과연?

여자들에게 맞춰가며 그걸 즐기는 남자는
결혼해 살면 되고,
그냥 종족 보존이나 원하고
자기 하고 싶은 거나 하며 살고
잠시 여자를 만나 연애하는 동안
그걸 달성하면 된다.

사는 방법도 자기한테 맞는 걸
선택하면 그만이다.

이젠 결혼 자체가 목적인지
자기가 하는 일이 목적인지
생각해 봐야 한다.
자기가 즐기고 자기에게 맞고
최종 지향하는 게 뭔지

그것에 맞게 사는 게
잘사는 비결 아닐까.

자기 자리이면 유능하고 아니면 무능하다

내향적인 사람은 그 관심이 내부로 한없이 향해 있고
외향적인 사람은 외부로 향해 있다.
의기소침할 때 자기만의 공간에서
회복하는 사람은 내향인이고
관계를 통해 추스르는 사람은 외향인이다.

외향인이 외부로 향할 땐
열정이 생겨 억척스럽고 유능해 보인다.
그런데 그들이 자기 내부로만 침윤되면
열정이 소진되고 힘이 빠져 무능해 보인다.

내향인이 내부로 향할 때
그곳에다 지칠 줄 모르고
열정을 쏟는다.
억척스러우면서 유능해 보인다.
실제로도 그렇다.

달콤한 잠

잠들기 전
누가 날 괴롭히면
꿈에 나타난다.
잠의 질도 떨어진다.

꿈 없이 깊은 잠에 빠질 때가 있다.
그저 잠만 잔다.
그렇게 잘 자고 있는 잠이면
잠을 즐기고 싶다.
잠을 잠으로 소진하는 게 아까울 정도다.
"아, 노곤해."

이런 달콤한 잠엔,
항상 내가 옛날에 갔던 곳인데
평온하고 아늑한 곳이 늘 나타난다.
그런 후엔 영락없이
달콤한 잠의 세계로 빠진다.

잠들기 전, 외친다.
"이게, 영원히 계속되었으면!"

좋아함은 어긋난다

관계가 소원해졌어도
그가 나를 나만큼은 아니지만 생각하고 있을 거라
생각하고 싶어한다.

남은 또 나를 그렇게 생각할 수 있다.
그런데 나는 그를 그렇게까지 생각하지 않는다.
오히려 그와 그런 거로 엮이는 게 싫을 수도 있다.
물론 그는 내가 자기를 생각하고 있다고 믿고 싶어 한다.

아, 대개는 나를 생각하고 있었으면
하는 사람은 그러는 일은 잘 없고
생각지도 못한 사람이
나를 그렇게 생각하는 경우가 더 흔하다.
나는 저 사람을 사랑하는데
그가 아닌, 다른 엉뚱한 사람이 나를 사랑한다.

그게 어느 정도 일치한다 해도
타이밍에서 또 어긋난다.
그가 몹시 생각나면 그 순간 그는
다른 것에 정신이 팔려있다.

이럴까 봐, 그리워도 함부로 연락을 못 한다.

그래도 우린 바보처럼
그가 나를 생각하고 있다고 믿는다.
그를 좋아하기 때문이고
실은 아니지만 그렇다고 받아들이며
행복한 순간을 즐기고 싶기 때문이다.

지금 충실할 수 있는 그 무엇을!

누군 술을 먹기 위해 운동을 한다.
누군 좋은 몸매를 위해 운동을 한다.

나는 뭐를 위해?
책을 잘 읽고 글을 잘 쓰기 위해
운동하고 술도 마신다.

술 마시는 이유가 다음 날에 숙취로 인한
고통을 느끼고, 술 마실 때 안 보이던 것들이 보여
즉 생활만 하다가 거기서 나와 다른 것도 보는
시각이 달리진 것을 겪기 위해
그래서 새로운 나만의 뭔가 글을 만들기 위해
술을 마시고 또 명료한 정신으로 글을 쓰고
몰입해서 글을 읽기 위해 운동도 하고 술도 마신다.
잘 될 때는 밥도 조금 먹는다.
머리가 맑은 상태에서
글을 읽고 쓰기 위해

누구나가 다 절실히 하고자 하는 것을 위해 다른
부수적인 것을 지금 열심히 한다.

이루고자 하는 게 강렬할수록 지금
운동도 술도 열심히 마신다.
간절한 게 있으면
지금에 더 충실해진다.

좋은 게 제일 좋은 거다

집안 꾸미기 자체를 좋아하고 즐기며
그 속에서 진정한 기쁨을 얻는 사람이 있다.
사람은 모르는 거다.

남이 싫어하는 거라도
그러지 않을 수 있다.
타고난 기질이 그렇거나
살아오는 동안 몸에 배서 그런 것일 수 있다.
아마 타고난 게 70정도고
나머지 30이 그가 살아온 역사가 아닐까.

그는 다수가 좋아하는 게 아닌
싫어하는 것을 하며 진정한 기쁨을 맛볼 수도 있다.
나는 여행이 싫다.

친밀감엔 비밀이 최고

인류가 섹스를,
남이 안 보는 데서 하라고 해서
그러는 게 아니고
둘이 짜고 남이 못 보게 하려고 그러는 것 같다.
둘만의 달콤한 시간을 보내려고 숨어서 하는 것이다.

남에게 발각되어 생기는 수치심 때문이라기보다는
둘만의 비밀을 위해 그런 것 같다.
그래야 둘이 더 친해지고 유대감을 형성하니까.
그래야 더 사랑하니까

친구도 더 친해지려면
둘만의 비밀을 굳이 만들지 않나?
국가도 두 나라가 친해 비밀을 공유하고
그것을 모르는 다른 나라를
공격한다.

현실에 적을 두되 사랑을 꿈꾸자

영원하지도 않고
일시적인 감정이나 사랑을
이상으로 생각하며 추구하지만
현실에선 사실 남녀 간의 사랑보다
오랜 친구와의 우정, 부모와 자식 간의 천륜의 정과
오랜 부부의 미운 정 고운 정이 쌓인
애증의 관계가 더 친숙한 것 같다.
남녀 간의 사랑은 강렬하고 짜릿하니까
그리고 그걸 오래 느끼지 못하니까
더 바라는 게 아닐까.

남녀 간의 순수한 사랑은
그 생명이 짧고 강하고
희소하니 더 욕망하는 것 같다.
그러면서 한편으론 곧 사라지니
우린 현실에서 쉽게 얻고 흔한 것보단
흔하지 않고 유한한 걸 추구하며
그걸 향해 살아가는 것 같기도 하다.
모든 유한한 건 소중한 것 같다.
사랑도 생명도.

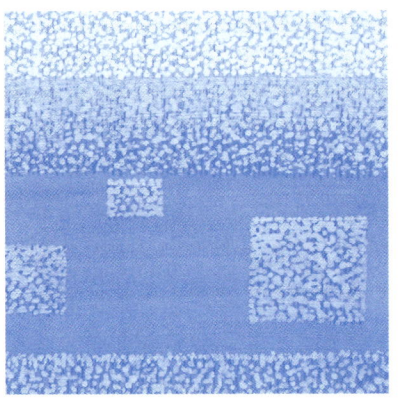

5부

매일 책에 절하다

글도 자기가 하고 싶은 걸 그냥 써라

20~30대 여성이 책을 가장 많이 읽는다고 한다.
그 나이대 여성이 쓴 글이 가장 잘 팔리는 것 같다.

남자나 그 나이대가 아니면 잘 팔리지 않는다.
그렇지만 그들은 그냥 자기가 쓰고 싶은 것만 써서
특정 독자층을 형성해야 한다.

20~30대의 여성 작가는 그냥 자기의 지금 상태에서
글을 쓰는 것이고
그들의 글에 공감하는 독자층이 그나마
넓은 계층이어서 그런대로 팔리는 것 같다.
그들이 유독 글재주가 뛰어나 그런 것 같지는 않다.

남성이고 연령층이 다른 작가는 아무리
그들을 흉내 내 봐야 티가 나
20~30대 여성이 읽지도 않는다.
괜히 자기 문체만 버린다.

글재주는 없더라도

쓰는 게 숙명 같고 타고났고
다른 것을 하면 화가 나고
안 쓰면 죄짓는 것 같고
안절부절못하면
내 본래의 것을 하지 않아
쓸모없음을 증명하는 시간이
견딜 수 없으면
쓰는 게 맞다.

재능은 없어도 자기 세계는
나타낼 수 있다.
남에게 표현력이나 호소력이 떨어져도
그 자체가 즐거움이면
혹시나 이런 글을 좋아하는
그 한 사람을 위해서라도.

자기 분야의 글을

야구에 내야, 외야가 있고
포수, 투수가 있듯이
글도 그렇다.

영화도 느와르가 있고, 멜로, 스릴러가 있듯이
글도 그렇다.
따뜻한 글이 있고 현 체제에 대한 거부감이 들어
그것을 비평하는 거로만 채울 수도 있다.

누군 왜 그렇게 마음이 꼬였냐며 좀 따뜻하고
친화적인 글을 쓰면 안 되느냐고 하지만
자꾸 그쪽으로만 기우는 걸
어쩌라고

그게 나중엔 바뀔 수도 있지만
지금 어쩔 수 없으면
마음 가는 대로 글을 써야
자기 글이 되고
글을 볼 줄 아는 사람들도 인정하는
글이 되지 않을까.

책은 위대해

어릴 적 행복한 순간은
늙어 죽을 때까지
내 마음의 고향

사랑은 한때이고 변하고야 말지
행복한 순간도 잠시뿐
인생은 고해

사랑의 애틋함과 행복한 순간은
내 가슴에 영원히 남는다는 것을
어느 누구의 책에서 읽는다.

책은 역시 위대해!
우리가 매일 접하는
그래서 평범해 보이는 것들의 숨은 의미를
비로소 깨닫게 해주니까.

쓰는 이유

정직하다.

쓰면 쓸수록 는다. 안 쓰면 안 는다.
고생했다가 어느 여건이 돼서
물거품이 되는 일은 잘 없다.
심은 만큼 거둔다.

많이 쓰면 좋은 결과가 나온다.
거듭 쓰면 더 좋아진다.
농부처럼 정직하다.

글을 쓰면 생각이 깊어지고 확장된다.
생각이 뛰어나고 깊어 글을 잘 쓰는 게 아니라
글을 꾸준히 써서 그렇게 된다.
말도 잘하게 된다.
그 말을 듣는 사람은 내 말을 더 믿게 될 수도 있다.
그러나 말을 잘한다고 글을 잘 쓰는 건 아니다.

누군, 파란만장한 자기 인생을
소설 몇 편이라도 쓸 수 있다고 하지만

그렇게 못한다.
글을 써보지 않았기 때문에
손흥민이 축구에 대해 쓰는 것보다
차라리 무명 소설가가
더 실감나게 축구에 대해 쓸 수 있다.
글을 많이 썼기 때문이다.

하루아침에 글을 잘 쓰는 일은 없다.
글은 정직하다.

문장 이해하기

여기 긴 문장이 있다.
한 문장이 네 줄 정도 된다.
내용이 쉬운 것도 아니다.

읽고 그림이 안 그려지면
이해하지 못한 거다.

이해하고 그 문장을 내 것으로 만들려면
읽는 중에 또는 읽고 나서 그 내용의
그림을 그려보는 거다.

글을 이해한다는 건
그림이 그려지는 것이다.

이 한 가지로 문학을 택했다

그들은 기존 틀에 저항한다.
그 틀이 자유로운 영혼을
억압하기 때문에 거부한다.
그들에게 무한과 상상과 자유의 억압은
존재 이유를 박탈하는 것이다.

이것을 빼앗기면
지난 시절과 현재와 그들의 미래는
있을 수 없다.
자기를 구속하는 그 무엇도
거부한다.

이것 때문에 나는 문학을 택했고
그것을 하는 사람에게 관심이 참 많다.
나 자신도 소유하고 있다.
아니, 그렇게 태어났다.

날 것이 좋다

가식이 싫다.
재는 것보다 화끈한 게 좋다.
민낯의 본능이 좋다.

나는 글로 인간의 심리를 끝까지
파고 싶다.
인간의 본성, 심리, 주류 파괴,
래디컬한 사회 비평
내 글은 이곳으로 향하고 있다.

누구나 연예인처럼
자기에게 맞는 장르가 있다.
그걸 무시해선 안 된다.
발굴해서 키워야 한다.

질투, 분노 같은 것도 누구나
있는 것인데 안 좋으니까 덮으려 한다.
이런 것을 더 적나라하게 밝히는 게
내 글의 목적이다.
나는 그것에 관심이 커서

그것을 내 글에 담지 않을 수 없게 되었다.
그렇잖으면 쓸 게 없다.

이래서 산다

힘들다. 그래도 살아야 한다.
물론 내 내부에서 솟아나는 힘과
감히 스스로의 생을 어쩌지 못하는
성정 때문이겠지만
또 한 가지 이유가 있다.

엄청나게 그런 내 생각을 잠재우는 작품 세계와
또 다음 작품이 기대되는
작가의 차기작 때문이다.
그 세계와 내 세계는 물론 같고 나는
그걸 제대로 표현 못하지만 그는 하니까
같이 그 세계를 공유한다.
작가와 독자가 일심동체가 된다.

지금도 그 세계에 들어와 있고
앞으로도 그의 세계에 동참할 기대로
나는 계속 살아갈 것이다.
책의 강력한 힘으로

이런 글이 좋다

형식적이고 권위적인 글은
마음에 안 든다.
뭔가 가르치려는 것 같고
읽으면서 너보다 내가 낫다는
그런 느낌이 들기 때문이다.
그러니까 그런 글은 읽는 사람에게
이로운 게 아니라
쓴 사람에게 이로울 뿐이다.

그런 글보다 쉬우면서도
편안한 게 좋다.
자기 생각과 느낌을
솔직하고 정직하게 담은 글
이런 글은 쓴 사람의 마음을
담은 글이지만
읽는 사람에게도
진정 도움이 된다.

문학하는 사람을 왜 다르게 대접하는 걸까?

문학하는 사람은 대개 순수하고
남에게 무해할 것 같은 느낌을 주기 때문이다.

그러면서 작가는 자기만을 위한 게 아니라
남에게 선한 영향을 줄 것 같은
결국 저 사람은 나에게도 도움이 되고
나아가 이웃에도 도움이 되는 사람이다, 라는

그러면서
그들은 생각이 깊고
또 책 같은 것을 통해 영향력이 지대하고
뭔가 우리가 흔들릴 때 기준 삼을 수 있는
아주 중요한 역할을 하는 사람이다, 라는 생각이 들어
그들이 지금 하는 것도 뭔가 중요한 거고
그래서 내가 그들을 방해하면 안 된다는
생각을 하는 것 같다.

늘 우리가 사는 세상과 사람에 대해
고민하고 고뇌하니
내게 도움이 되었으면 되었지

해가 되는 사람은 아닐 거다, 라는
꼭 해야 하지만 자신은
능력이나 여건이 안 되어
하지 못하는 걸 대신해주는 사람인 거다.

그러니 그들을 방해해선 안 되고
오히려 도와야 한다는
그래서 아직까진 사람들에게
문학과 문학 하는 사람이
대접받는 것 같다.

좋은 현상이다.

내가 사설보다 칼럼을
더 많이 읽는 이유

나는 매일 신문 4개를 읽는다.
토요일도 읽는다.
사설보단 칼럼을 더 많이
사설은 신문의 얼굴이라며
형식적인 게 많다.
보편타당하고 권위적이다.
엉뚱하지 않다. 허튼짓을 안 한다.
읽으면 지당하신 말씀이다.
그래 자기 견해가 없다.
신문을 대표할 뿐이다.
재미가 없고 실질적으로 내게 도움도 안 된다.

그러나 개인이 쓴 칼럼은
이면의 내용을 알 수 있고
뭔가 내게 피와 살이 된다.
형식에 구애받지 않고
자기만의 독특한 세계를
펼친다. 옆길로 새기도 한다.
더 많은 것을 깨닫게 한다.
내게 더 큰 힘이 된다.

붙잡고 있는 걸 알면

여기 어려운 글이 있다.
도무지 무슨 말을 하는지 모르겠다.

그 글을 쓴 사람에 대해 알아야 한다.
그가 놓지 않고 붙잡고 있는, 그의 밑에 깔려 있는
생각이 뭔지만 알아도
이제 그 글을 파악하는 건 그리 어렵지 않다.

거기다가 그의 주변을 샅샅이 훑으면
행간에 흐르는 뜻도 알 수 있거니와
구색만 갖추고 하는 소리는 뭐고
그가 진정 아주 힘 있게 내지르는
소리가 뭔지도
구분할 수 있게 된다.

아마 내 말이 좋게 들리겠지?

나는 가끔 남과 말을 하다 보면
전에 분명 내가 글에 썼던 말을 한다.

그게 어느 경우에나 먹힌다.
거긴 사람들이 물어보거나
어떻게 생각하는지에 대한 내 의견이 들어 있다.
자신감도 생긴다.
아마 내 말이 그에게
좋게 들릴 수도 있을 것이다.
지적이라고 생각할지도 모른다.

그럴 때 그가 내게 처음 듣는 말을 하거나
그의 견해가 참신하면 그를 달리 본다.
그는 내 스승이 된다.
글에 대한 고수이거나
책을 너무 많이 좋아하는 사람이기에

나는 그와 뭔가 같이 하고 싶어진다.
그의 곁에 자꾸 있고 싶다.

기록만이 내가 할 일

인간의 어리석음을 내 이 한 몸을
희생해 여기서 막아야 하나?
아니면 자멸했다가 리셋되어
지구가 재탄생하는 자연법칙에 따라야 하나?

끼어들어야 한다고 말하는 인간은 솔직히
그대로 있는 게 견디기 힘드니까
내뱉는 도덕률에 불과할지도 모른다.

나도 한 가지는 해야겠다.
인간의 어리석음과
우주 변화의 영원성에 대한 기록이라도.

유명 작가에게 무엇을 배울 수 있을까?

나는 책을 웬만큼 읽었다.
특히 전문 작가가 쓴 글
좋은 소설을 많이 읽었다.
그중에서 좋은 글이 있으면 쪽지에 적고
그것을 다시 비공개 카페에 올린다.

나는 이야기 구성을 못해
소설가가 되긴 글렀고
나에게 자양분이 될 것을
이야기 구성 외에서 얻는다.

그건 대개 문학적 표현이다.
보통 일반인이 쓰기 힘든 글
한글을 잘 다듬은 글
그들에게서 얻은 것 중
평이한 내용이 더 좋다.

그리고 글 전체에서 노골적으로
작품성 떨어지게 주장하는 게 아닌
은근슬쩍 인물이 하는 대화 중에서
작가가 하고 싶은 말을 얻는다.

자기 무기를 잘 활용하자

말이 무기인 자도 있고
글이 무기인 사람도 있다.
입심이 좋아 순간을 모면하는 자도 많다.
누가 그를 믿을까.
믿을 수 없어 언제든 자신을 배신할 것 같기 때문이다.
나는 타고난 내 무기인
글에 승부를 걸겠다.

여러 사람 앞에서 무기를
잘 쓰는 자가 있고
혼자 은근히 준비한 끝에 급습하는 사람이 있다.
순발력으로 위기를 모면하는 자가 있고
거기선 피했다가 철저히 혼자 준비한 끝에
결판을 내는 사람이 있다.
단칼에 벤다.

이 두 경우 중
나는 후자의 무기를 쓰겠다.
타고난 내 자산이고
그것을 하며 즐길 수 있기 때문이다.
즐기는 자를 누가 당하랴.

맞게 저항

언론과 표현의 자유가 심각하게 훼손되면
나가서 투쟁하는 것도 좋지만 그게
자기에게 맞지 않으면 끝까지 못 간다.

이런 저항도 자기에게 맞는 방법을 써야
끝까지 갈 수 있다. 이길 가능성이 높아진다.
멈출 수 없다.
자기가 그것을 하지 않으면
죽을 수도 있기 때문이다.

나가서 활동적으로 하는 저항도 중요하지만
자기에게 맞는 글을 통해 저항하는 것도 좋다.
큰 뜻을 향한 것이 꺾이면
죽음뿐이라면
자기에게 맞는 글로 저항하는 것이어야
강한 저항이 되고
적에게 치명상을 입혀
효과를 볼 수 있다.

잠시 멈춘 듯해도
그 꿈이 너무 크기 때문에
저항을 멈추지 못한다.

작가 중엔

대자연의 순환을 작가는 대개 좋아한다.
우주적 신비를 숭상한다.
그 순환에 순응하고
저항해도 소용없다는 걸 안다.
아무리 용을 써도 인간은
대자연의 섭리를 거스를 수
없다는 것도 안다. 다만,

작가는 이상하게 약자를 감싸고 돌기 때문에
약자를 건드린 자를 가만두지 않는다.
이 지구에서 인간 외에 하소연 못 하는
다른 생물은 모두 약자다.
그들의 언어를 알려고 하지 않는다.
인간은 이들을 괴롭힌다.
자기 욕심으로 지구를 망가뜨리고 있다.
마치 자기만 주인인 것처럼
결국 약자를 괴롭히는 인간이
싫다.
그래도 대우주는 자신의 순리를 묵묵히
행할 것이란 것도 안다.

다만 살아 있는 동안만이라도
자신의 역할에 충실할 뿐이다.
약자를 돕는 일은 그들이 하는 일 중
아주 중요한 일에 속한다.
그들의 존재 이유이기도 하다.
그래서 나는 그들이 좋고
나도 그렇게 하려 한다.

예술은 길고
인생은 짧다.

작가 아직 할 일이 많아

대부분은 그렇게 살지 않았어도
작가는 글을 통해 삶의 다양성을 펼쳐
다른 삶의 이해의 폭을 넓힐 수 있도록 하고

대부분이 현실에 묻혀 길을 잃을 때
가리키는 손가락이
달을 지시하는 역할을 하니

작가는 아직 필요해
아직 씨가 마르면 안 돼!

자기 글에

현실에선 그릴 수 없으니
자기 글에 주인공으로
그라도 내세워 만족을 얻는다.
그에게 자기 말을 하게 시킨다.

아, 이 인물처럼 살고 싶지만
현실에선 힘들고 그 비슷한 인물조차도
눈을 씻고 찾아볼 수가 없다.

현실은 가시밭길이다.
그러나 그걸 능히 건너야 하니
그런 인물을 내세워 그를 통해
그 가시밭길을 건널 수 있다.

작가에게 인상 펴라고 하지만

생각할 게 많고
알고 보니 대부분의 인생이 고통이고
고해(苦海)라는 것을 알기 때문이다.
그렇다고 그것을 개선할 수 있냐면
그 본질이 고통이기에 그러지도 못한다.

인생이 부조리하고
악랄한 자가 더 잘 살고
착한 사람은 그 체질이 그래
잘 살지 못한다는 걸 안다.

일반인을 설득하지만, 지금에만 눈이 멀어
이해하지 못하고 관심도 없다.
겨를이 없다고 한다.

작가도 사회를 사는 사람이기에
그들의 시선을 계속 외면할 수 없어
그렇게 인상 쓰며 다니는 것이다.
자기 말이 안 통하기 때문에
세상엔 자신과 같은 사람이 거의 없고

많은 사람 중에도 혼자 딩그러니 있다.
그는 외롭다.

백치(白癡)처럼 즐거울 수 없는 것이다.
그건 또 그들이 짊어진 운명이고
자신들이 선택한 삶이기도 하다.

세상 큰일 난다

약자의 소리를 들을 줄 안다.
그 소리를 키워준다.
지금의 질서와 체제, 주류를 달가워하지 않는다.
그것에 부조리가 있기 때문이다.

주류에 대항하니
불이익을 받고 현실을 어렵게 살아간다.
경제적으로 궁핍하다.
알면서도 그들은 간다.
자기 몫이기 때문이다.

일반인을 상대로
인간이 사는 데 중요하고
결국 도움이 되지만
지금은 와닿지 않는 인간에 대한
진정한 이익을 끝없이 들려준다.

약자 편을 들고
놓치고 있는 인간에게
진정 중요한 것이 무엇인지 말하는

작가는 사라지면 안 된다.
세상 큰일 난다.

진짜 만남

책에서 나와 비슷한 인간들을 만나면
페이지가 너무 빨리 넘어간다.
전부 내 얘기를 하고 있는 것 같다.
"벌써 이것밖에 안 남았어!"

"나를 이렇게 살리는 천재인데
좀 더 많은 책을 내야지
책 좀 더 없나?"

이들을 실제 만나면 실망할 거고
"책에서완 딴판이네!" 할 게 분명해

우린 지면으로만 만나야 해
그래야 관계가 지속되고
이런 만남에도 행복이란 게 있음을
알게 될 테니!

책은 속삭이지

과거 이미 이 세상에서 사라진 영웅을
지금의 자기 생각으로 덧칠해 버리지
신비하고 범접할 수 없는 존재로
절대 무너지지 않는 성벽으로

늘 책과 함께 있고 자기 생각을 만들어내면
그 진실을 접하고
다시 생각하게 되지
그 영웅은 사실 만들어진 거고
오히려 그를 도운 민초들의 애씀에 대해

책은 우리에게 속삭이지
영웅들의 거품을 걷고
소수와 소외자들의 삶에
더 관여해야 한다고

이게 진정한 책의 뜻이지.

작가란

우울하다.
자기가 생각하고 있는 게
엄청 중요한데도 사람들은
그의 말을 이해하지 못하고
들으려 하지 않는다.
오히려 비웃는다.
그렇게 중요하다고
강조하는데도 엉뚱한 짓만
계속하고 있어서 돌아버리기
일보 직전이다.
기존 질서와 세상과 불화(不和)해
성격이 비뚤어지고 괴팍하다.

돈을 싫어한다.
아니 경멸한다.
주류가 좋아하기 때문이다.
주류는 지금이 정의롭지 않은데도
그대로 유지하려 하기 때문이다.
그러면서 돈에 의해 소외받는
약자를 생각하고 그들에게 관심 갖는다.

가난하기 쉽나.
대개는 현실과 타협하지 않으려 하고
글로 보호 받는다.
일반인은 글이 없기 때문에
자기를 보호해 주는 게 약해
현실에 적응하지 못하면
견디지 못한다.
그러나 작가는 자기 글로 자기를 보호하고
합리화하는 벽을 쌓기 때문에
현실과 동떨어져도 버티지만
그래서 가난해진다.

운명이다.
그렇지만 글을 갖고
할 수 없이 간다.
끝까지!

나는 책 때문에 이렇게 되었다

내 시야도 물론 편견이 있다고 본다.

난 반골 기질이 있는지
지금의 큰 흐름에 희생되는 것들이 뭔지,
그들의 목소리를 가능한 한 같이 내고 싶었다.
그러니까 지금의 큰 흐름,
이건 대개 주류들이 일으키는 흐름인데
여기에 깔리는 것들이 분명 있다.

나는 뭐든 상대적으로 보려 한다.
절대적인 건 절대 없고
절대적인 건 상대성뿐이다.

너무 큰 게 힘 있다고 설치면
거기엔 분명 주눅드는 자가 있게 마련이다.
그는 자기를 충분히 펴지 못한다.
가지고 있는 것도 숨겨
자기 겉으로 내지 못한다.
나는 이런 사태를 막고자 함이다.

세상은 그게(힘의 치우침을 막는 게) 불가능하겠지만
너무 한쪽으로만 치우치는 게
나는 근본적으로 싫다.

인간 세상은 견제와 균형을 맞추는 게 중요하고
그 속에서 우리는 이루지 못하는 이상을 향해
눈이 행해 있어야 한다고 본다.
그래야만 그나마 돌아간다.

세상에선 견제와 균형,
그러면서 우리 다 같이,
꿈을 향해 있는 세상!

아무튼 함께!

작가의 말

  나는 뭐든 단순화하는 걸 좋아한다. 우리가 사는 세상은 결국 어떤 모습일까? 현실에 몸담으면서도 뭘 그리워하나. 이걸 나는 이 시(詩)들을 통해 쉽고 단순하게 표현하고 싶었던 거다. 너무 쉽게 말해, 성의가 없어 보여, 뭔가 있어 보이지 않아, 내가 쓴 시가 얕게 평가될 수도 있지만 나는 그래도 그러고 싶진 않다. 비록 현실에선 어떤 불이익이 온다 해도 나는 지금은 그걸 내려놓고 싶지 않다. 일단은 복잡하고 애매한 것은 나중으로 미루고 현실에서 비틀거리지 않고 똑바로 걷기 위해서라도 단순 명료해지려고 한다.
  자기가 쓴 시로 인해 종국엔 자신에게조차 정리가 안 되는 그런 사태를 면하고 싶은 것도 있겠다. 그건 결국 나도 내 말들을 쉽게 내 가슴에 간직한 채 현실을, 이상을 보며 거뜬히 건너고 싶었던 것일 터다, 솔직히.

  나는 시를 쓰며 내가 왜 이런 말들을 술술 하고 있나 생각해 보았다. 나도 그렇고 다른 사람들에게도 이 현실을 건너는 법을 각자 가슴에 담으며 그런 것이 나에겐 나름 중요하다고 생각해 나 자신과 그걸 바라는 단 한 사람에게라도 아마도 새기고 싶었던 것 같다. 자기 무의식에서 아우성치며

튀어나오려는 것은 결국 그렇게 할 수밖에 없으니까.

  나는 이번 시를 통해 인간 삶을, 그리고 현실, 세상을 그리려 했던 것 같다. 동시에 지나가는 시간, 세월을 인간이 딛고 있으면서 그냥 이 현실에만 관심을 쏟으면 뭔가 허무하고 허전할 것 같으니까 현실에선 찾기 힘들지만, 저 멀리 있고 손에 쉽게 잡히지 않는 것을 지녔으면 하고 바랐던 것 같기도 하다. 현실에서 만족하지 못해 앞으로 나아가려는 인간의 욕망을 그리려 했는지도 모른다. 결국 자기가 사는 현실을 잘 살아내려고. 인간으로서 현실에 발을 딛고 서 있지만, 현실은 한심하고 초라하니 마음에 안 들어 좀 더 그럴듯한 것을 가슴에 간직한 채 현실의 장벽들을 뛰어넘고 싶었던 거다. 바로 순수와 책에 존재하는 이상을 가슴에 품은 채.

2022년 봄, 집필실에서

이 태 식

| 푸른문학선 · 196 |

아무튼 함께

2022년 3월 25일 초판 인쇄
2022년 3월 30일 초판 발행

저　자 | 이 태 식
발행인 | 李 惠 順
편집인 | 이 은 별
주　간 | 임 재 구

발행처 | **푸른문학사**
등　록 | 제 2015 - 000039
주　소 | 서울시 강북구 도봉로 313 효성인텔리안빌딩
전　화 | 02) 992 - 0333
팩　스 | 02) 992 - 0334

신　문 | 푸른문학신문(인터넷)www.kblpn.com
BAND | 푸른문학
이메일 | poet33@hanmail.net

cafe.daum.net/stargreenwood푸른문학사

ISBN　979-11-88424-67-2

값　13,000원

저자와의 합의하에 인지 첨부 생략합니다.
이 책은 저작권법에 의해 보호를 받는 저작물이므로 무단전재와 복제를 금합니다.